DE LA SUBSISTANCE

DU PEUPLE.

DE LA SUBSISTANCE

DU PEUPLE

ET DES MOYENS DE RÉDUIRE LE PRIX DU PAIN.

PAR

L. B. S. POISSANT.

PRIX : 75 c.

Paris.

IMPRIMERIE DE SELLIGUE,

BREVETÉ POUR LES PRESSES MÉCANIQUES ET A VAPEUR,
Rue des Jeûneurs, n° 14.

SE VEND CHEZ TOUS LES MARCHANDS DE NOUVEAUTÉS.

MARS 1829

DE LA SUBSISTANCE

DU PEUPLE.

CHAPITRE Ier.

DE L'INUTILITÉ DES EFFORTS TENTÉS JUSQU'A CE JOUR POUR MAINTENIR A UN TAUX MODÉRÉ LE PRIX DES OBJETS DE CONSOMMATION. — CAUSES DE CETTE INUTILITÉ.

Un des chapitres de l'esprit des lois de Montesquieu ne contient que ces mots : « Quand les sau-
« vages ont besoin d'un fruit, ils coupent l'arbre.
» Voilà le despotisme ! » J'ajouterai : voilà ce qui se fait tous les jours, même dans notre Europe moderne, si fière de ses arts, si orgueilleuse de sa civilisation. Sur quelle classe de la nation retombe tout le poids des charges de l'État ? Sur les producteurs ! Et, en particulier, sur quelle classe de producteurs ? Sur les cultivateurs ! et cependant l'agriculture n'est-elle pas la nourrice de l'État ? L'opprimer, la ruiner, n'est-ce pas couper dans sa racine l'arbre de la prospérité publique ?

Les gouvernemens devraient se pénétrer de

cette importante vérité ; ils devraient ne jamais oublier que c'est sur la classe agricole que doit s'étendre avec une sollicitude toute particulière , la protection nationale.

Le premier soin auquel doit se dévouer tout gouvernement qui veut remplir sa mission , c'est de maintenir à un taux modéré le prix des objets de consommation , et surtout du pain, ce premier aliment de nos sociétés modernes. On a dit que l'agriculture était intéressée à ce que le prix du blé fût élevé : il se peut que les propriétaires de terres trouvent à cet état de choses un avantage immédiat, celui de réaliser un bénéfice plus considérable sur la vente de leurs produits ; et même, cet avantage peut-être contesté, puisque l'élévation du prix du blé entraîne une élévation correspondante dans les autres objets de consommation, et surtout dans les salaires. Mais le peuple des campagnes, ce peuple dont les bras produisent, ce peuple dont la sueur arrose les sillons de nos plaines, ce peuple profite-t-il ou souffre-t-il de la cherté des grains ! il en souffre assurément ; il est le premier à en souffrir. Le peuple des villes n'en souffre pas moins.

C'est la cherté des grains qui a amené la révolution française. C'est elle qui, de tous temps, fut le précurseur et l'avant-coureur des troubles civils ;

c'est elle qui arrache le peuple à ses ateliers, et l'amène sur la scène des révolutions. Aussi l'attention de tous les hommes d'État, de tous les publicistes a, depuis long-temps, été dirigée sur cet important objet. Depuis *Adam Smith*, jusqu'à *Malthus* et *Mac'Culloch* en Angleterre; en France, depuis *Turgot*, ce ministre citoyen du vertueux Louis XVI, jusqu'à *Jean-Baptiste Say*, qui a l'honneur d'avoir créé parmi nous la science de l'économie politique, que d'efforts ont été entrepris! que de tentatives ont été faites! que de systèmes ont été enfantés par ces hommes si estimables, si dignes d'éloges! et cependant ils n'ont point empêché le mal sur lequel ils discutaient.

En 1816, n'avons - nous pas vu la cherté des grains mettre l'État sur le penchant de sa ruine? Que fit-on pour arrêter le mal? La justice se vit à regret obligée de déployer ses rigueurs. Mais l'échafaud n'est point une preuve. Des supplices peuvent réprimer, pour le moment le désespoir populaire; ils ne détruisent pas la cause du mal.

L'année dernière et même cette année, la cherté des grains a donné au Gouvernement plus d'un sujet d'inquiétude. Il lui a fallu toute sa paternelle vigilance, il a fallu toute l'inépuisable bienfaisance d'un roi qui a donné, du haut du trône, l'exemple des généreux sacrifices, pour empêcher que les malheurs de 1816 ne se renouvelassent en 1828 et 1829.

La question cependant est toujours la même ; elle n'est pas plus près de sa solution aujourd'hui qu'elle ne l'était hier.

Que les hommes d'Etat méditent encore ! que les publicistes travaillent sur nouveaux frais ! qu'en restera-t-il? des projets, des livres. Le peuple ne se nourrit pas de pareils alimens ; il faut à ce peuple , non de vaines théories , mais du positif; et le peuple a raison. Ce positif , je crois l'avoir trouvé ; et mon devoir, comme homme , comme citoyen , m'oblige d'en faire part à mon pays. Je ne suis point auteur, je ne suis point publiciste ; je suis un simple producteur. A la place des théories , j'apporte de l'expérience. En un mot je suis peuple moi-même, et je m'en fais gloire ! je suis peuple , et c'est pour cela que j'ai plus de droit que les auteurs et les théoriciens de m'adresser au peuple, et de l'entretenir d'un objet qui intéresse à un si haut point son bien-être et même son existence matérielle.

CHAPITRE II.

Prix exorbitant de la mouture , l'une des causes principales de la cherté des grains. — Moyen de réduire ce prix de quatre cents pour cent.

Chargé depuis long-temps de la régie et de l'administration de biens ruraux; obligé, par état, d'acquérir une connaissance précise et étendue de l'économie agricole, mon attention ne tarda pas à être attirée sur l'important objet qui fait le sujet de cet écrit. Je voulus remonter à la source du mal, afin d'en trouver le remède; dans cette recherche je fus guidé moins par mon intérêt particulier, que par le désir ardent d'alléger des souffrances dont le désolant spectacle ne cessait chaque année d'affliger mes regards.

Nos auteurs de systèmes peuvent parler à loisir dans le sein de l'opulence, et au milieu de toutes les jouissances d'une société raffinée, ils peuvent parler, dis-je, et discourir longuement sur les misères du peuple des campagnes. Mais il faut avoir été, comme moi, témoin et spectateur de ces misères, pour les apprécier dans toute leur étendue. Il faut avoir vu un peuple entier manquant de pain pour connaître toute l'importance des questions qui se rattachent à un objet d'une si impérieuse nécessité.

Bientôt je fus à même de constater un fait grave dont la connaissance me suggéra immédiatement le remède à appliquer au mal dont je déplorais l'existence. Je pris connaissance des rapports entre les meuniers et les cultivateurs ; je m'assurai de la nature et de la quotité des bénéfices prélevés par les premiers sur les seconds : je ne vis pas, sans étonnement, que les frais de mouture s'élevaient à près du quart de la valeur du blé présenté au moulin ; du moins je constatai que tel était l'état des choses dans le département que j'habite, le département de la Somme.

Je désirai savoir, par moi-même, à quoi m'en tenir sur un objet aussi grave ; j'achetai un moulin n'ayant qu'un jeu de meules ; j'en ajoutai quatre autres. Je commençai par faire d'importantes économies dans les frais d'exploitation de mon moulin. Je supprimai la dépense des charrettes et des chevaux dont les meuniers entretiennent toujours un nombre plus ou moins grand. Je demandai que le blé me fût apporté, et qu'on vînt en chercher le produit, ce que j'obtins sans difficulté. Ici j'observerai qu'il n'y a pas de fermier, i pauvre qu'il soit, qui ne puisse facilement faire transporter soit à dos d'âne, soit autrement, le blé qu'il envoie au moulin, sans que cette obligation soit pour lui, le moins du monde onéreuse : ainsi suppression d'équipages, de chevaux et, par suite, réduction considérable dans le nombre des domestiques et employés du moulin.

J'avais observé, dans d'autres moulins, que la mouture était imparfaite, en raison de l'emploi fréquent de meules d'un mauvais grain, ou usées. J'eus soin de veiller à ce que les miennes fussent du meilleur choix et convenablement renouvelées, et j'eus la satisfaction de livrer toujours la plus grande quantité possible de farine.

Enfin, je crus devoir adopter un mode de rétribution plus régulier et plus stable que celui que je vis partout en usage.

Je substituai le payement en argent, à la rétribution en nature.

Telles furent les bases sur lesquelles j'opérai : voici quel en fut le résultat:

La rétribution en nature faite par le meunier, s'élève au quart environ du blé dont il effectue

la mouture. Il en résulte, au prix de 21 fr. l'hectolitre, un bénéfice de 5 fr. 25 c. pour le meunier.

Je fixai la rétribution en argent à 75 c. par
hectolitre, et je m'engageai à rendre, proportion
moyenne, pour un hectolitre de blé du poids de
75 kil., 59 kil. de farine tant en première qu'en
deuxième qualité, et 13 kil. 1/2 de son, proportion qu'aucun autre moulin n'a encore obtenue.

On voit donc que je suis parvenu à réduire les
frais de mouture de 5 francs 25 centimes à 75
centimes par hectolitre, en supposant la valeur de
l'hectolitre de 21 francs. Si l'on considère qu'aujourd'hui le prix de l'hectolitre est de 26 francs
pour le blé de première qualité, on concevra l'é-
normité de la réduction apportée par moi dans les
frais de mouture.

J'ajouterai que, malgré cette énorme réduction,
je n'en réalise pas moins un bénéfice assez satisfai-
sant pour que tout meunier puisse s'en contenter.

Je n'accuse pas les meuniers d'élever injuste-
ment leurs bénéfices. La preuve qu'ils gagnent
peu, c'est que peu d'entre eux font fortune. D'où
vient le mal? De l'énormité des frais auxquels ils
s'assujétissent, frais dont la nature est telle, qu'elle
les autorise, je dirai plus, qu'elle les oblige même

au taux énorme de la rétribution qu'ils exigent. on a vu quels étaient ces frais, et comment en les supprimant, je suis parvenu à des résultats d'une importance si grande.

CHAPITRE III.

DES MOYENS DE RENDRE GÉNÉRALE LA GRANDE AMÉLIORATION QUI VIENT D'ÊTRE SIGNALÉE.

Le prix du pain se compose du prix de la main-d'œuvre employée à produire, à récolter et à moudre le blé; ainsi que de la maind'œuvre employée à le transformer en pain.

On a vu l'importante économie signalée par moi dans la troisième de ces opérations, la mouture.

Cette économie positive, constatée, doit en opérer une correspondante dans le prix du pain ; nous ne croyons donc rien dire d'exagéré en avançant que la réduction qui, par suite de cette première économie, doit s'opérer sur le prix du pain, ne peut être estimée à moins d'un cinquième.

Voilà, voilà l'objet important sur lequel j'appelle de tous mes efforts l'attention publique. Je n'avance rien que je ne puisse attester par des faits positifs, irrécusables. Le fait que je signale a lieu en ce moment dans le département de la *Somme*, dans la commune de *Courcelles-lez-Mé-serolles* canton de *Bernaville*, arrondissement de *Doullens*. L'existence de l'établissement que je dirige, est connue des deux départemens de la Somme et du Pas-de-Calais. J'ai en ma possession l'attestation de quarante-quatre maires; je suis en mesure d'en produire un bien plus grand nombre *(a)*.

La connaissance de tous ces faits a été portée par moi à S. Exc. le ministre de l'*intérieur* dont le patriotisme éclairé voudra sans doute étendre au reste du royaume une amélioration aussi décisive dans l'intérêt du peuple à l'administration duquel la confiance royale l'a préposé.

Il importe que ces faits ne restent pas sans réponse. Il importe que des mesures soient prises, soit par le Gouvernement, soit par les particuliers, pour rendre générale une amélioration limitée encore à quelques cantons de deux départemens.

Ne serait-il pas à propos que l'autorité s'adressât aux propriétaires des moulins, et les engageât à effectuer l'amélioration que je signale; et, sur

(a) Voyez à la fin la note.

leur refus, autorisât, dans chaque commune un peu importante, l'érection d'un moulin modèle, dans lequel cette amélioration serait introduite ?

Dans un temps où tant d'entreprises se forment, où le commerce tente toutes les routes, cherche à s'ouvrir partout de nouvelles voies, pourquoi des capitalistes amis de leur pays n'emploieraient-ils pas leurs capitaux à l'établissement de moulins semblables à celui que je dirige?

La reconnaissance nationale leur saurait gré de cet emploi philantropique et humain de leurs capitaux. Les intérêts des capitalistes y trouveraient aussi leur compte; car il est de l'essence de ce qui est bon d'être en même temps utile, et c'est là surtout que l'humanité et l'intérêt se donnent la main.

Convaincus que nous sommes du bien immense qui doit résulter pour le peuple, et des bénéfices qui doivent résulter pour les entrepreneurs, d'opérations ayant pour but d'étendre le plus possible l'immense amélioration dont je m'honore d'être l'auteur, je déclare l'intention où je suis de provoquer incessamment la formation d'une compagnie qui aura pour objet de faire jouir cette capitale de l'établissement immédiat de ce grand système d'économie dans la subsistance du peuple.

C'est du centre que doit partir la lumière ; c'est de là que ses rayons doivent arriver à la circonférence. C'est de Paris que le bienfait que je signale doit être transmis aux départemens.

Peut-être aurai-je des imitateurs dans ma patrie ! Peut-être mes concitoyens voudront-ils avoir part à la gloire que j'ambitionne, la gloire d'être utile, la seule qui vaille la peine d'être ambitionnée !

CHAPITRE IV.

Résumé. — Conclusion.

Hatons-nous de nous résumer.

Le premier des intérêts du peuple, c'est sa subsistance.

Le premier article de cette subisstance, c'est le pain.

La mouture est une des quatre opérations principales qui entrent dans la production et la confection de ce premier des alimens.

Nous avons prouvé qu'il était facile d'opérer, dans les frais de cette mouture, une réduction considérable, qui amenerait en définitive une réduction d'un cinquième sur le prix du pain.

Cette économie n'est pas seulement en théorie : elle a pour elle une pratique de près d'un an.

Les faits sont incontestables ; quarante-quatre maires les attestent : quarante-quatre autres les attesteront aussi s'il est nécessaire.

Ces faits ont été portés à la connaissance du Gou-

vernement qui est ainsi suffisamment averti et
à qui il ne m'appartient pas de prescrire ses de-
voirs.

J'ai donc le droit de conclure qu'il est temps
d'étendre cette grande amélioration au reste du
royaume.

Cette amélioration peut être opérée de deux
manières ; par le concours du gouvernement et
par le concours des particuliers.

Par le concours du Gouvernement ; en autori-
sant, sur le refus des meuniers, l'établissement de
moulins communaux dans lesquels l'amélioration
que j'annonce serait introduite.

Par le concours des particuliers ; en établissant
une compagnie pour la mouture du blé, laquelle
commencerait à Paris ses opérations, le fleuve
qui traverse cette capitale offrant à cet égard tous
les avantages désirables.

Ainsi s'effectuerait une amélioration immédiate
et immense dans la condition matérielle de la
classe ouvrière à laquelle la cherté des subsis-
tances se fait toujours le plus cruellement sentir.
Ainsi s'effectuerait une économie qui n'avait, avant
moi, attiré l'attention de personne.

Quant à moi, j'aurais pu me contenter des avan-

tages particuliers résultant de cette utile amélioration : j'aurais pu faire comme tant d'autres ,
cacher la lumière sous le boisseau.

Je ne l'ai pas voulu. J'ai préféré appeler mes
concitoyens en partage d'un grand bienfait. Je
n'ai pas voulu que ce bienfait fût limité à un
arrondissement, ni même à un département ; j'ai
voulu qu'il s'étendît à la France entière. Il ne me
restait pour atteindre ce but d'autre moyen que
la publicité. Je n'ai pas balancé , je publie cet
écrit, et je le signe.

Puisse-t-il provoquer l'attention publique sur
un intérêt grave, trop long-temps négligé ! puisse-
t-il produire tout le bien que j'en attends pour
mon pays !

Pour moi, j'ai la conscience d'avoir accompli
un grand devoir. J'ai dit ce que je savais. J'ai
offert la vérité aux yeux du trône et du peuple,
c'est au trône et au peuple qu'il appartient de la
reconnaître et de l'appliquer.

L. B. S. POISSANT.

NOTE.

(*a*) Voici la teneur de ce certificat :

Nous, maires du canton de Bernaville et des communes composant ce canton, arrondissement de Doullens, département de la Somme, d'après l'invitation qui nous a été faite par le sieur L. B. S. Poissant de prendre lecture de l'exposé adressé par lui au Ministre de l'Intérieur, affirmons que les faits y relatés sont à notre pleine et entière connaissance, et que nous jouissons, ainsi que beaucoup de nos administrés, de ces inappréciables avantages ; pourquoi nous avons signé le présent, en ce que de raison, en faisant des vœux, **dans** l'intérêt général, pour que tous les cantons et toutes les communes de la France jouissent le plus tôt possible de cette bonne méthode.

(*Suivent les signatures au nombre de* 25*.*)

Ce certificat a été signé aussi par le maire de Brévillers, commune du canton de Doullens, département de la Somme ; par le maire du canton d'Auxi-le-Château, département du Pas-de-Calais, et neuf maires de communes appartenant à ce canton, ainsi que par huit maires du canton d'Avesne-le-Comte, département du Pas-de-Calais.

TABLE.

CHAPITRE Ier.

CHAPITRE II.

CHAPITRE III.

CHAPITRE IV.

www.ingramcontent.com/pod-product-compliance
Lightning Source LLC
LaVergne TN
LVHW021809060726
842528LV00003B/1238